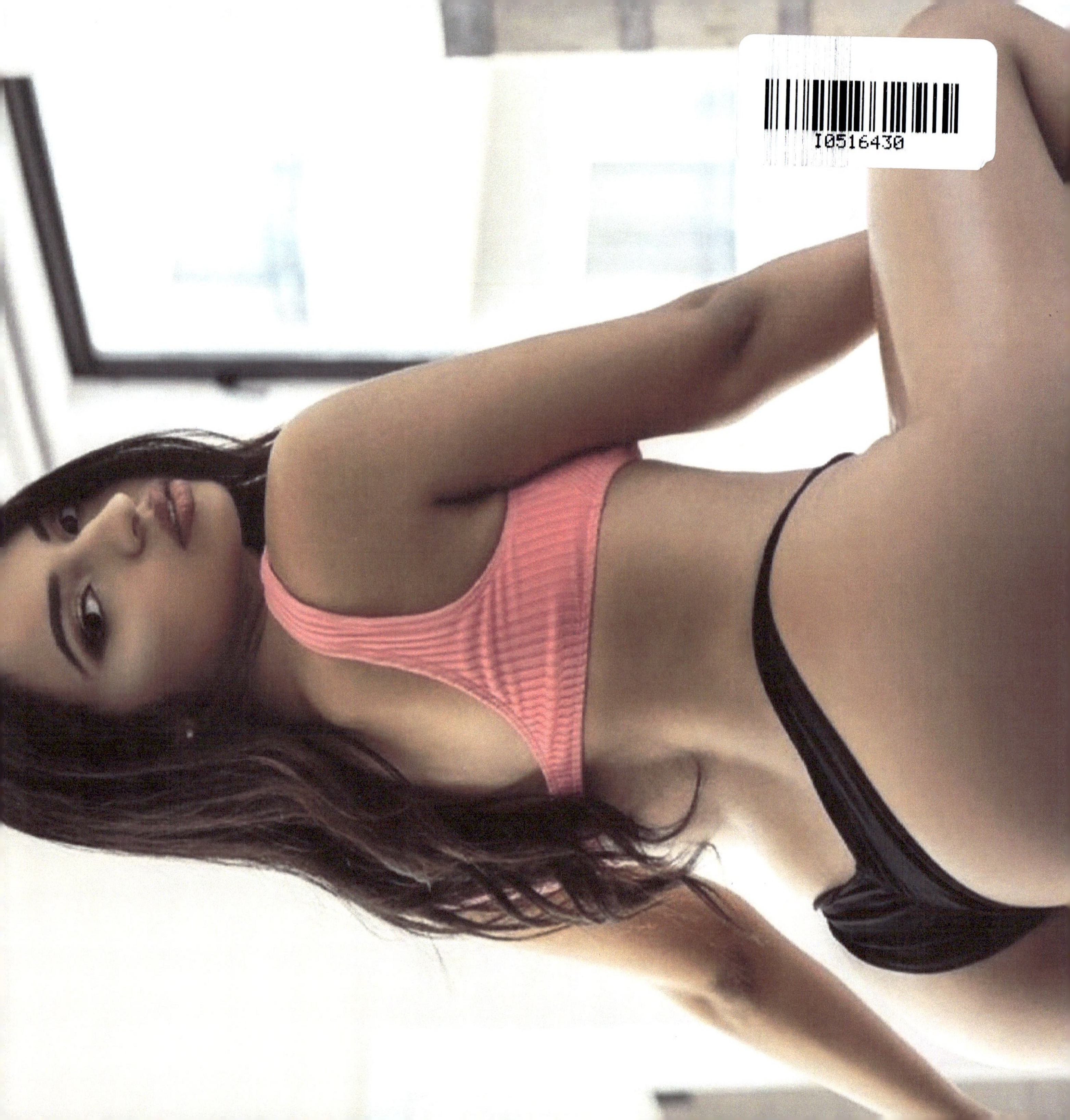

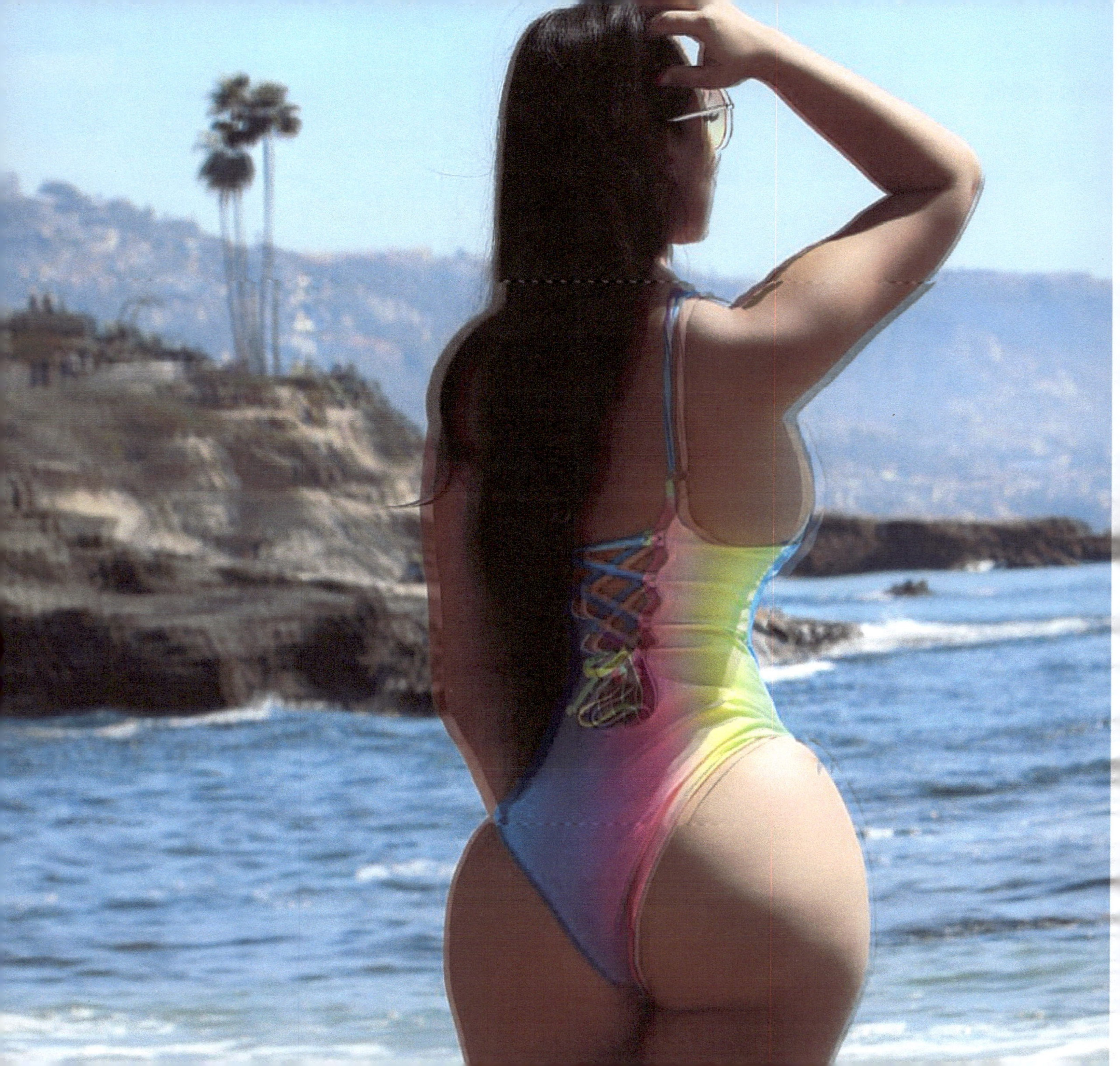

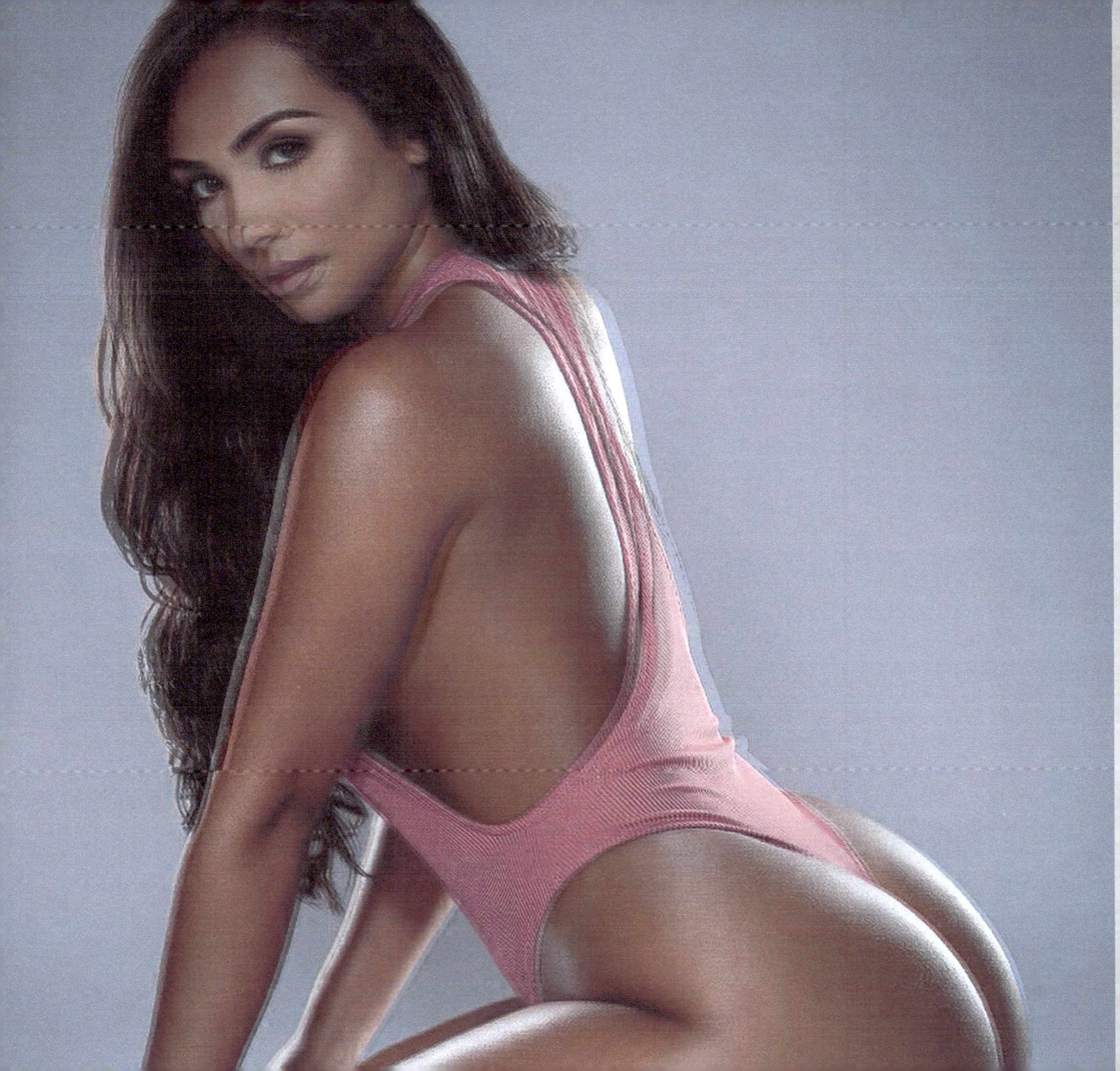

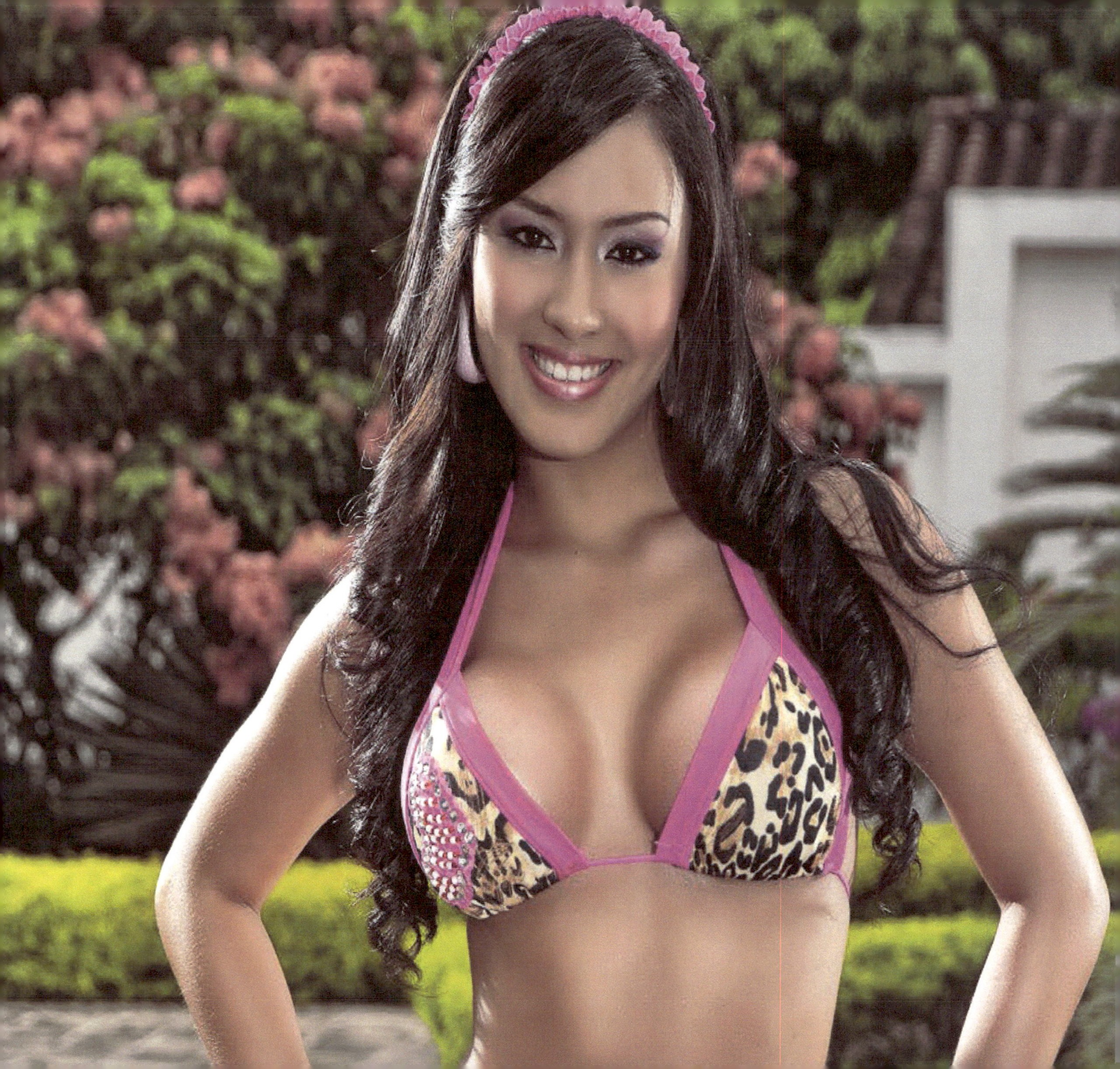

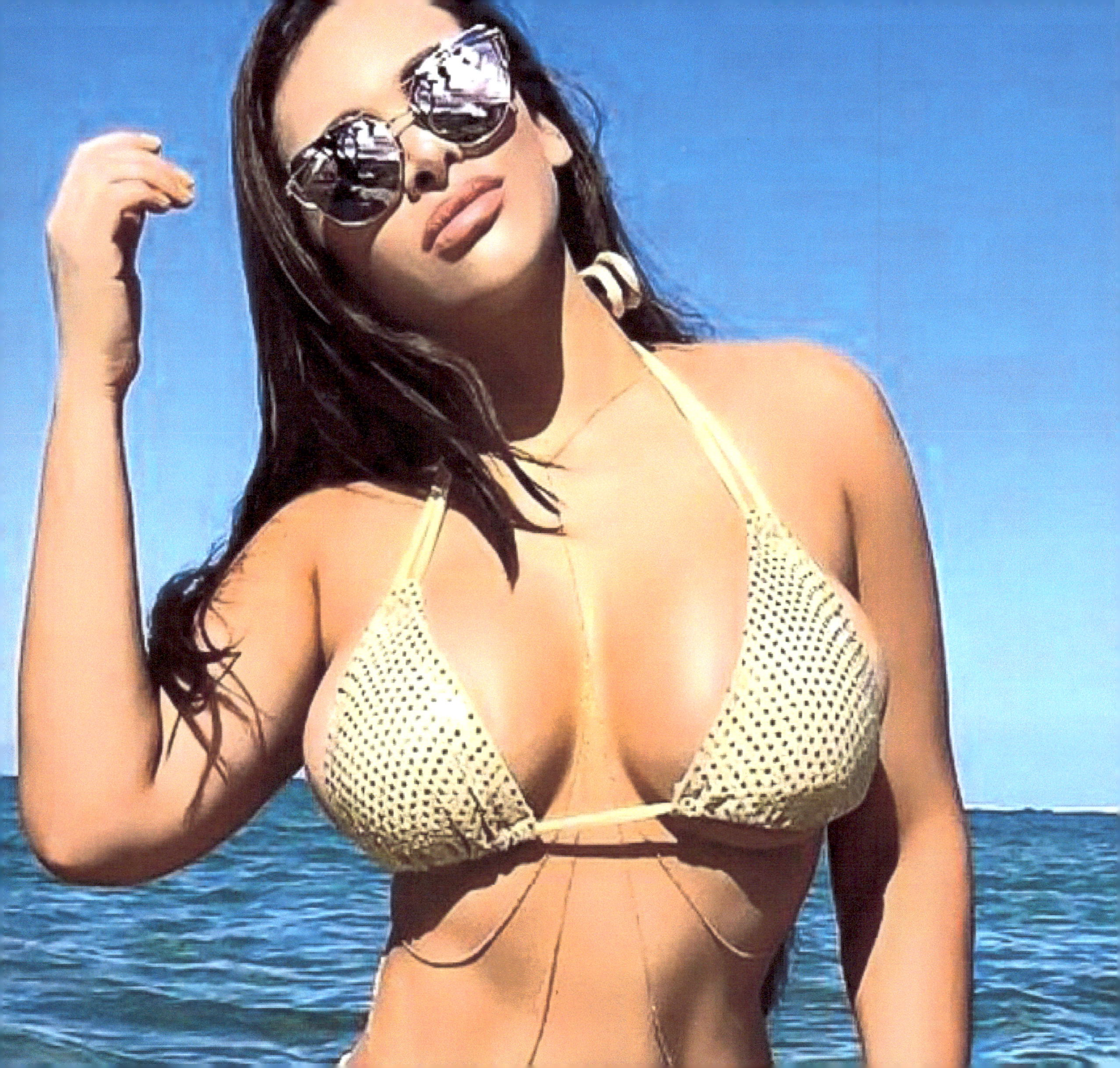

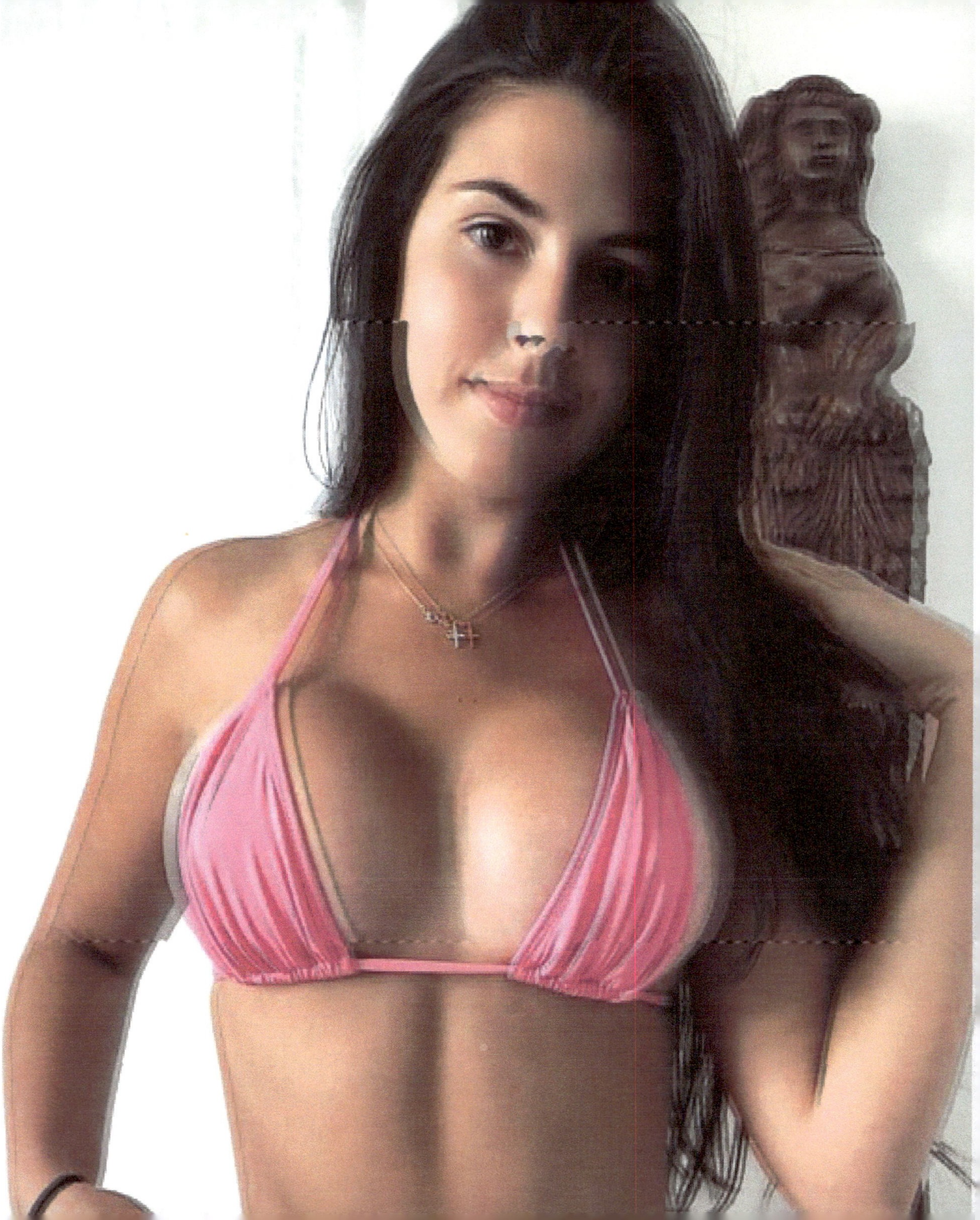

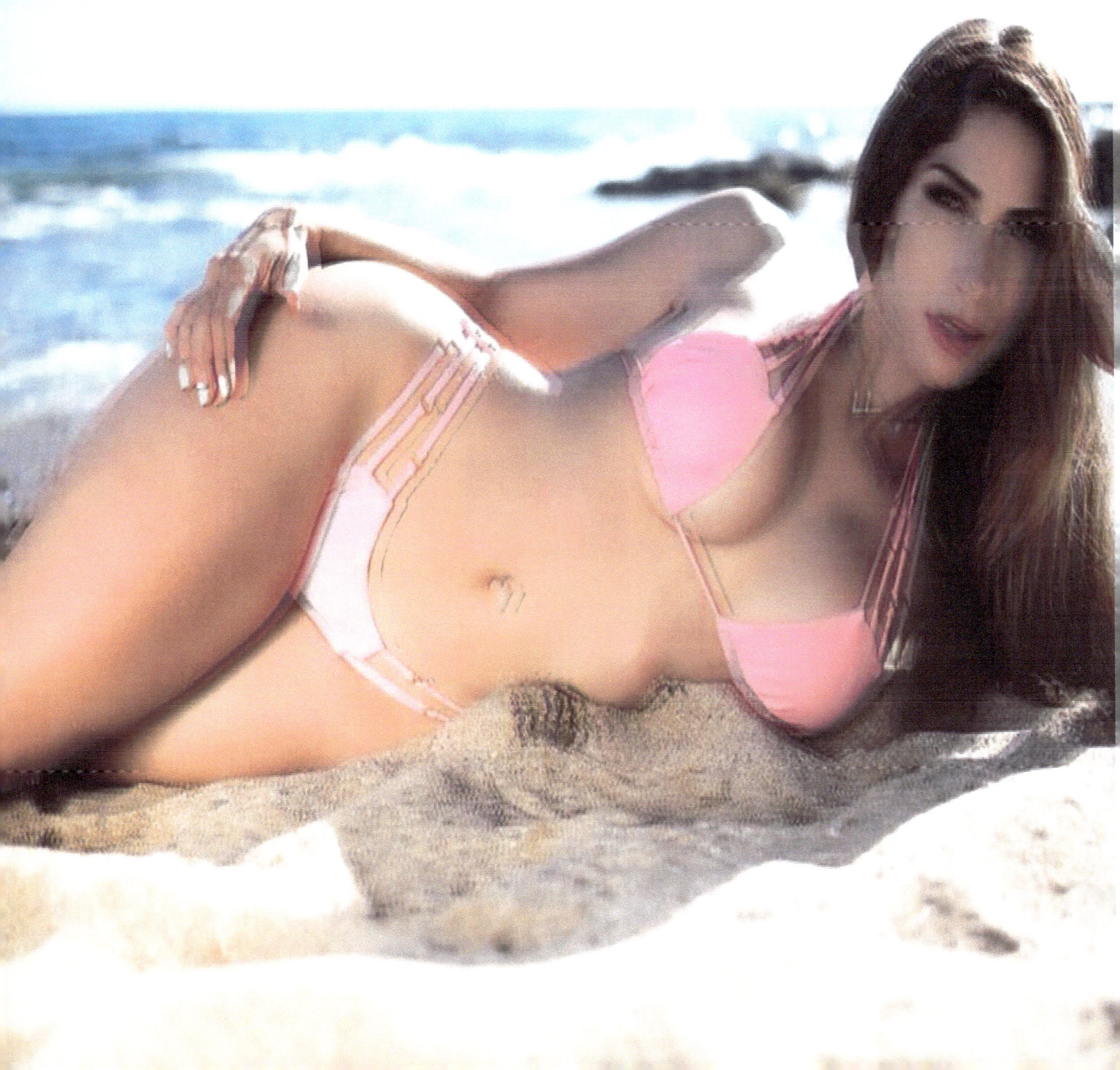

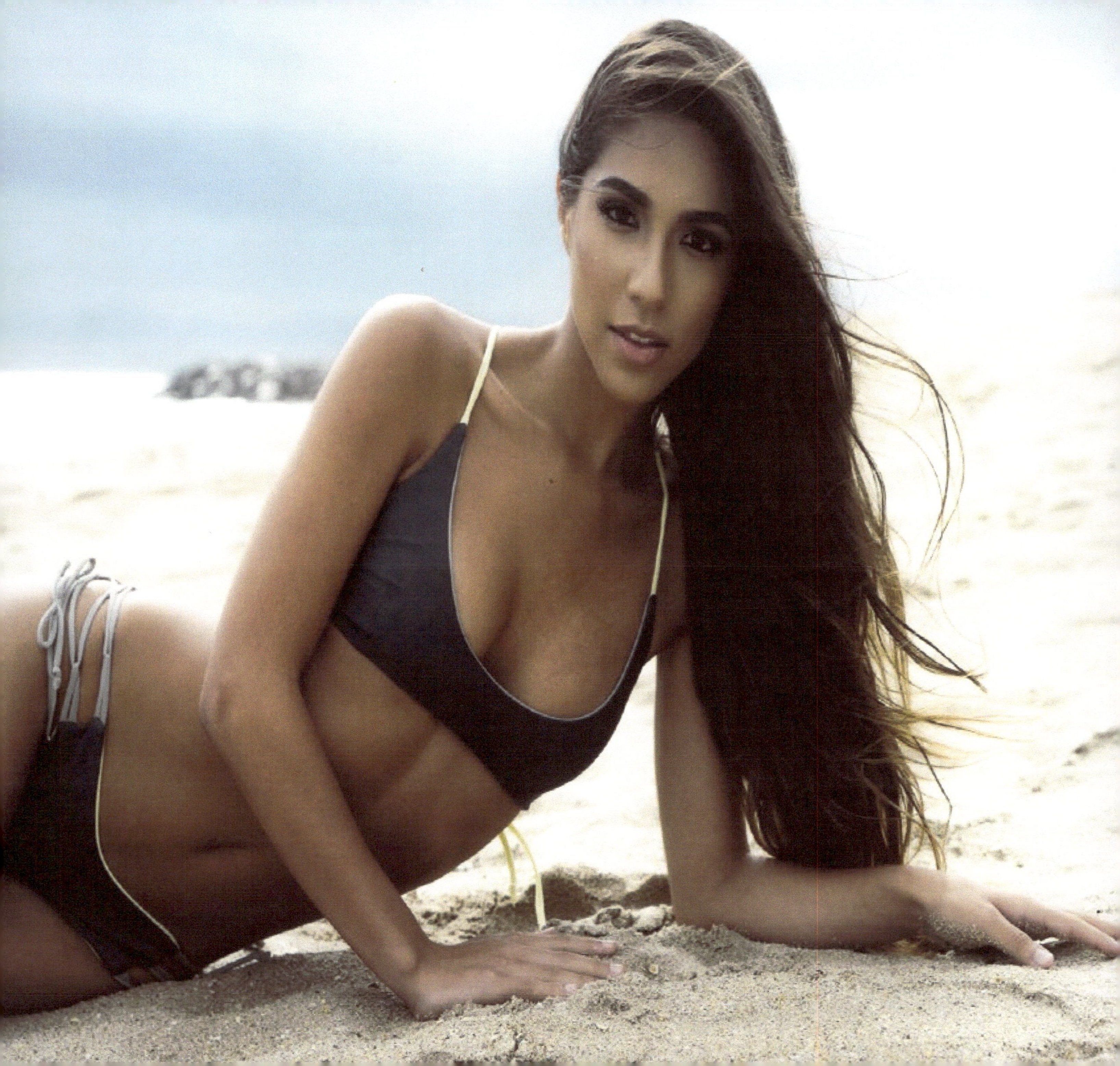

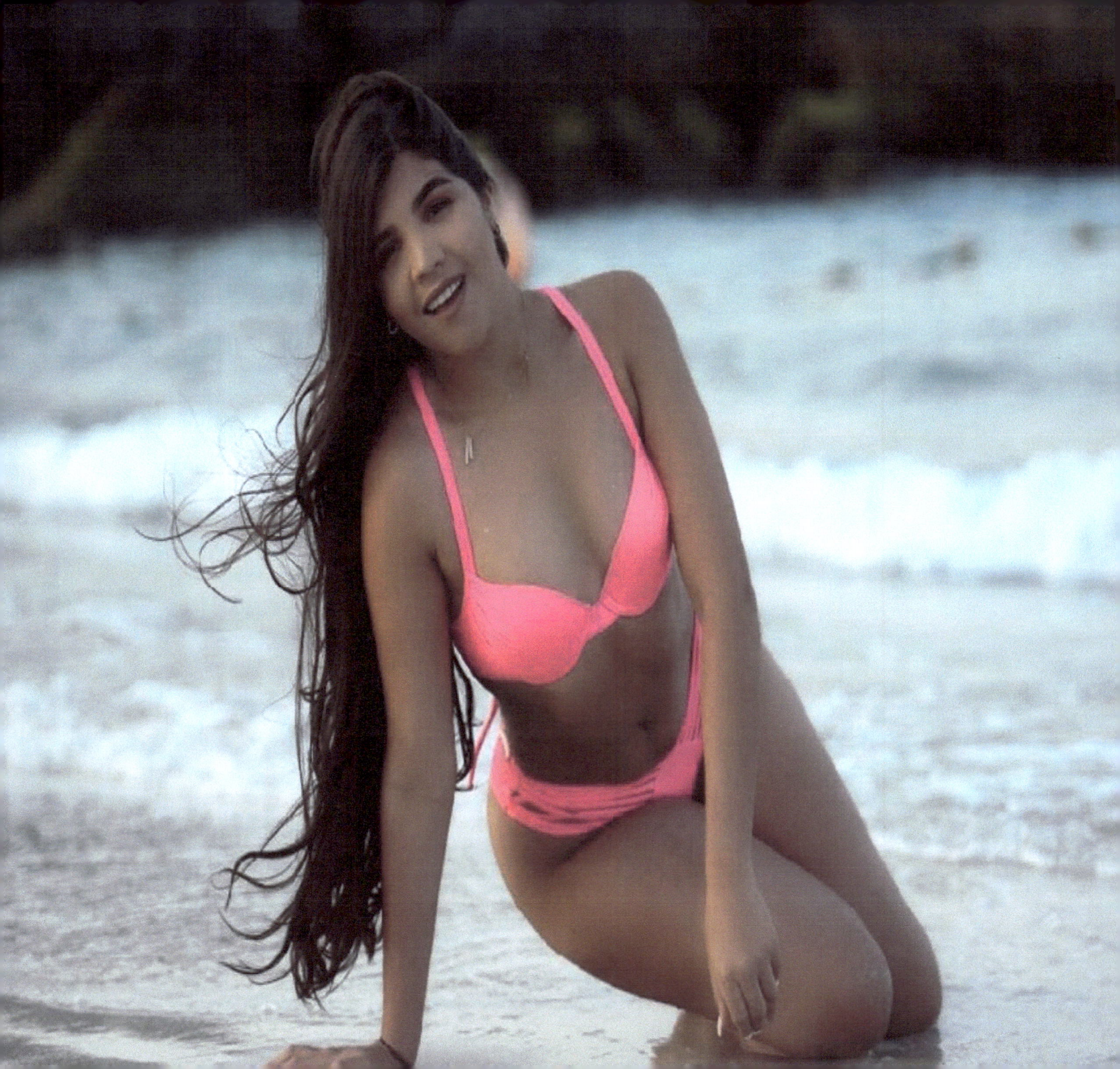

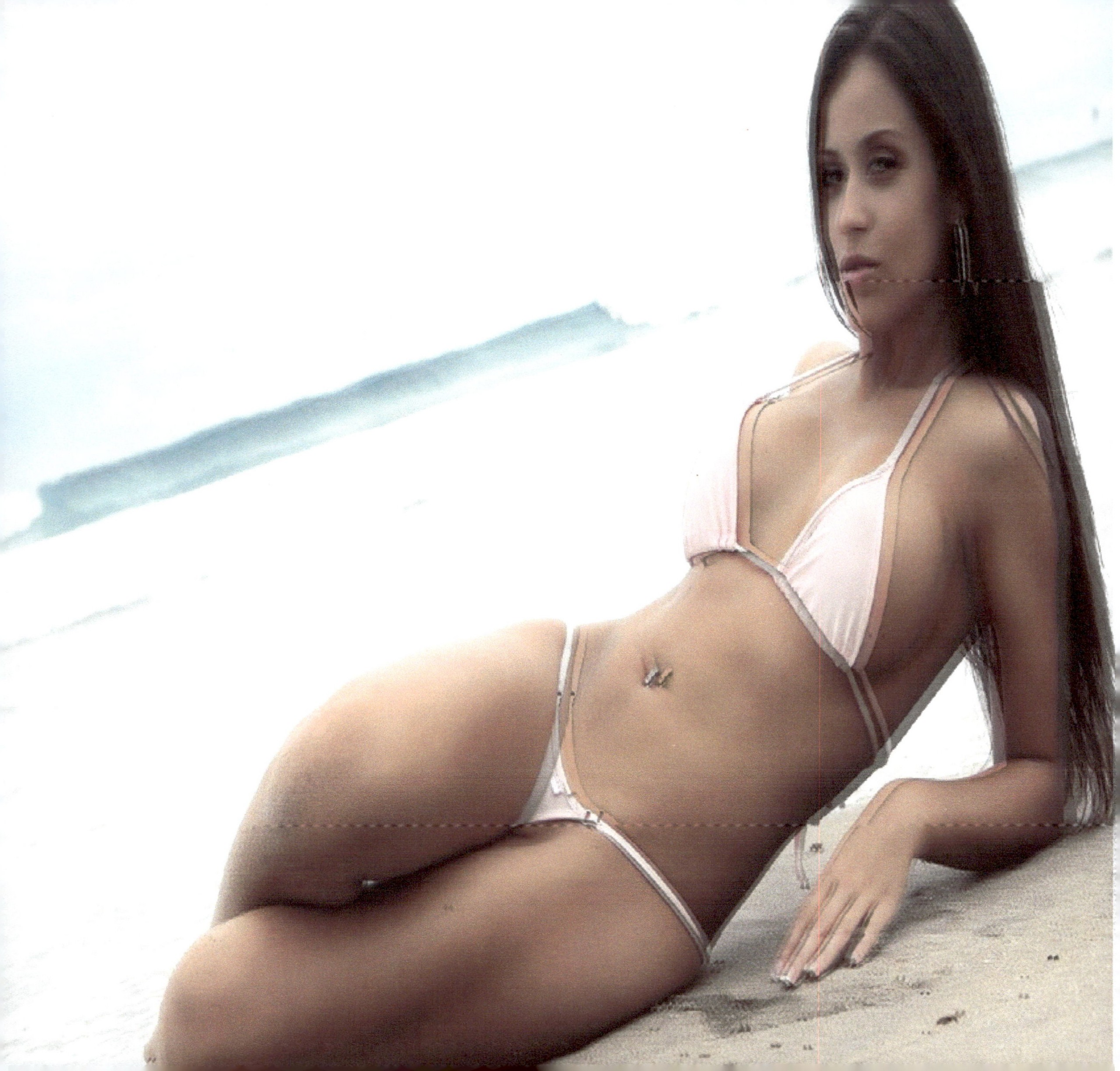

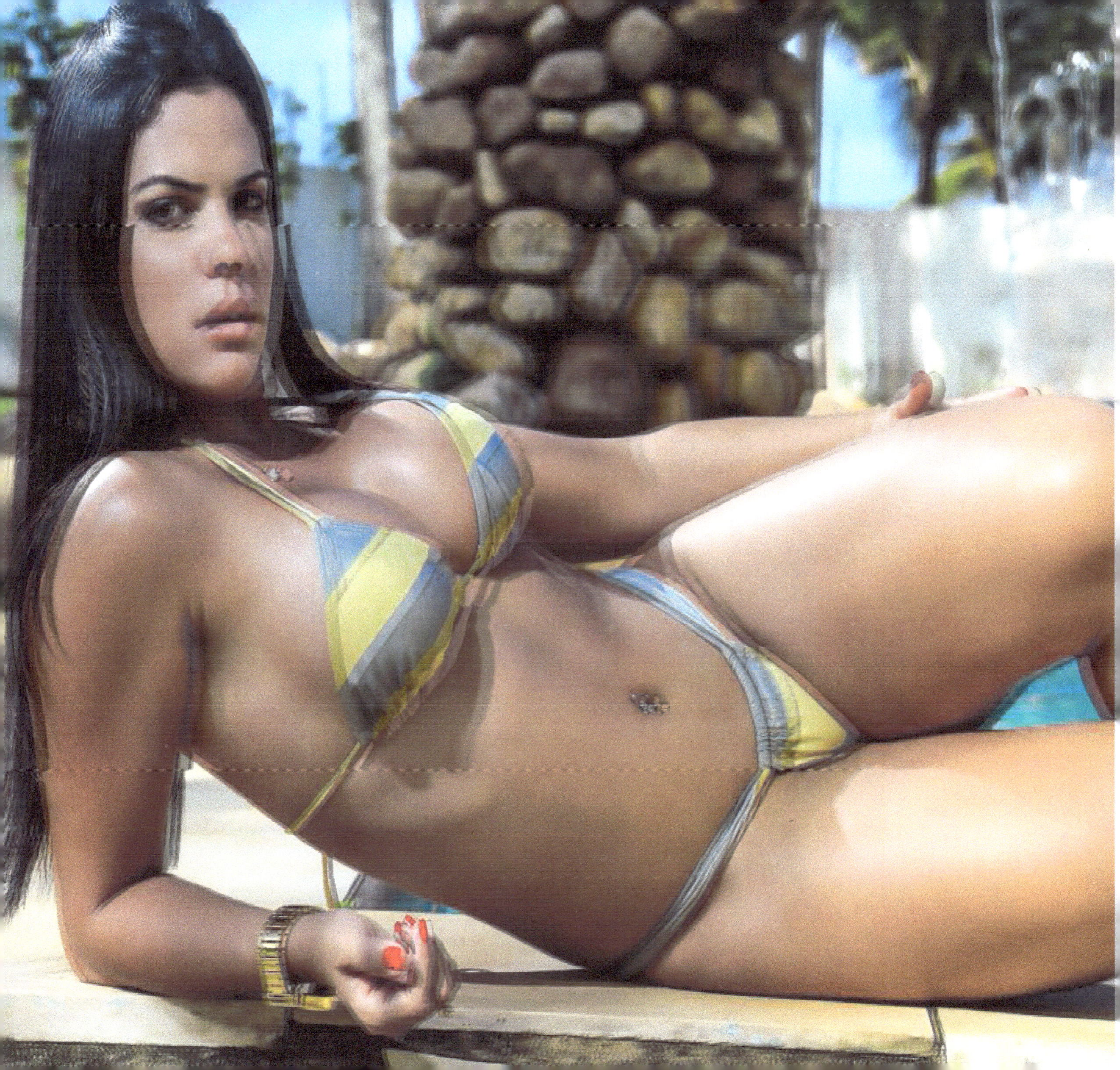

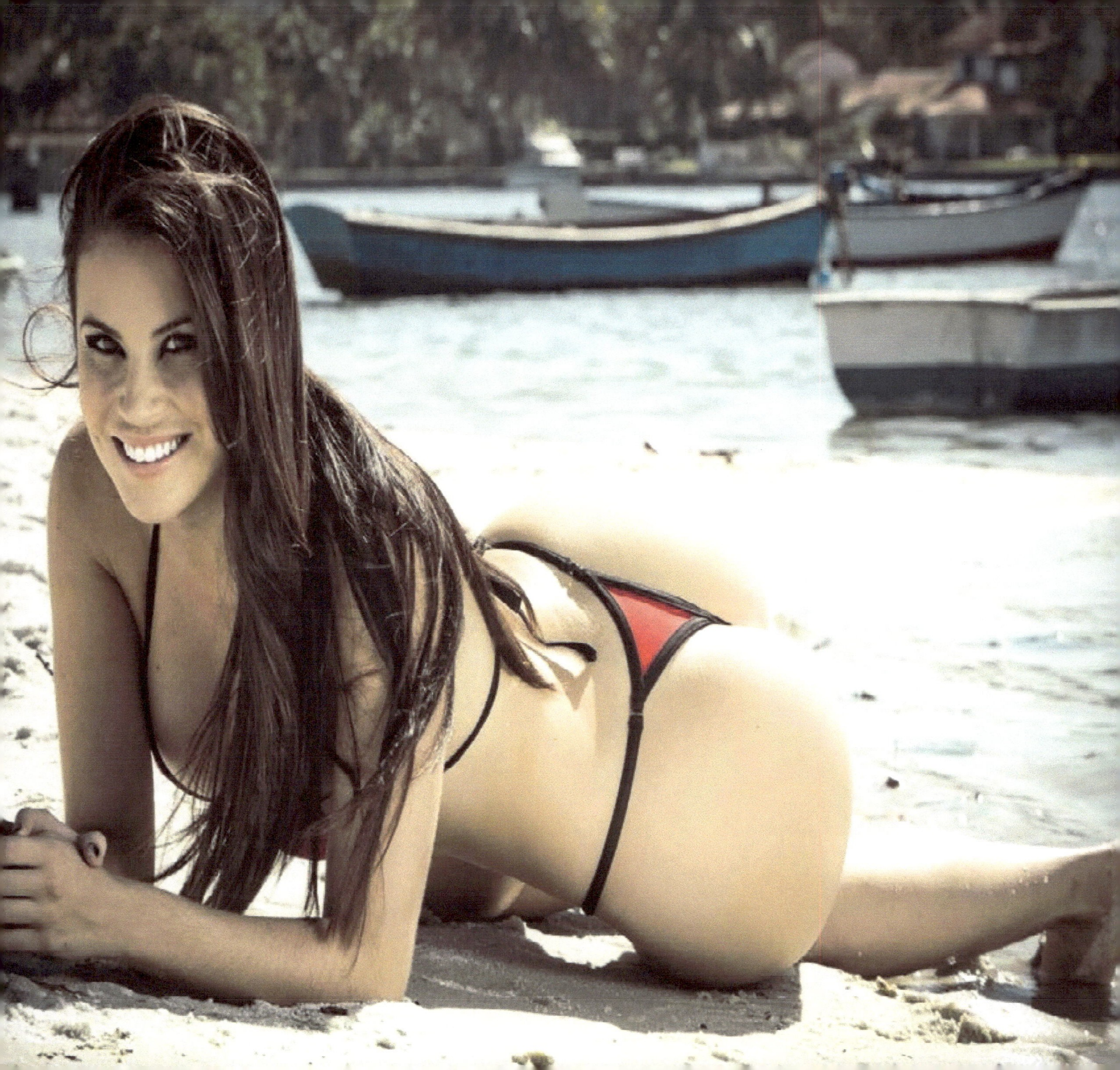

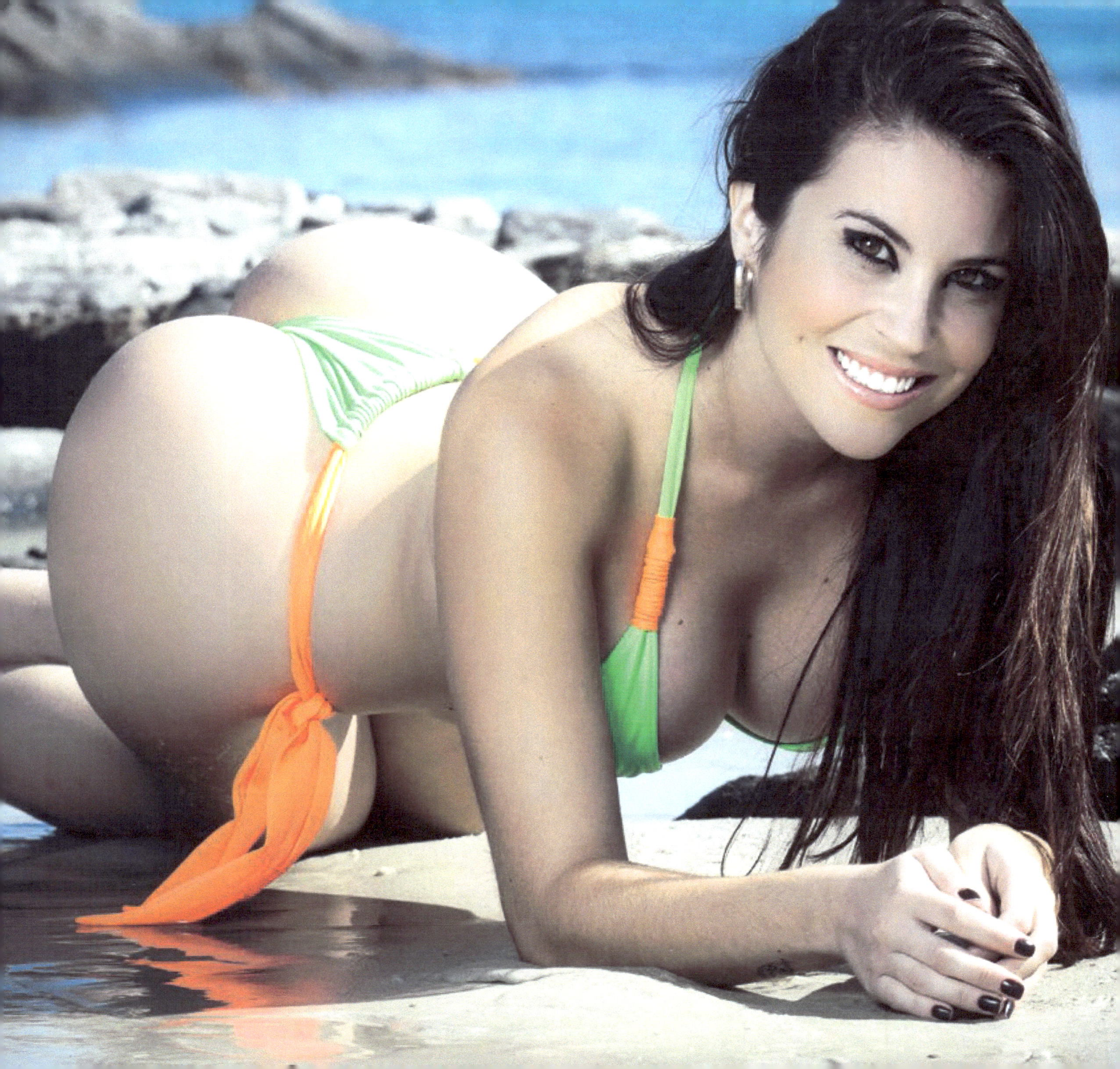

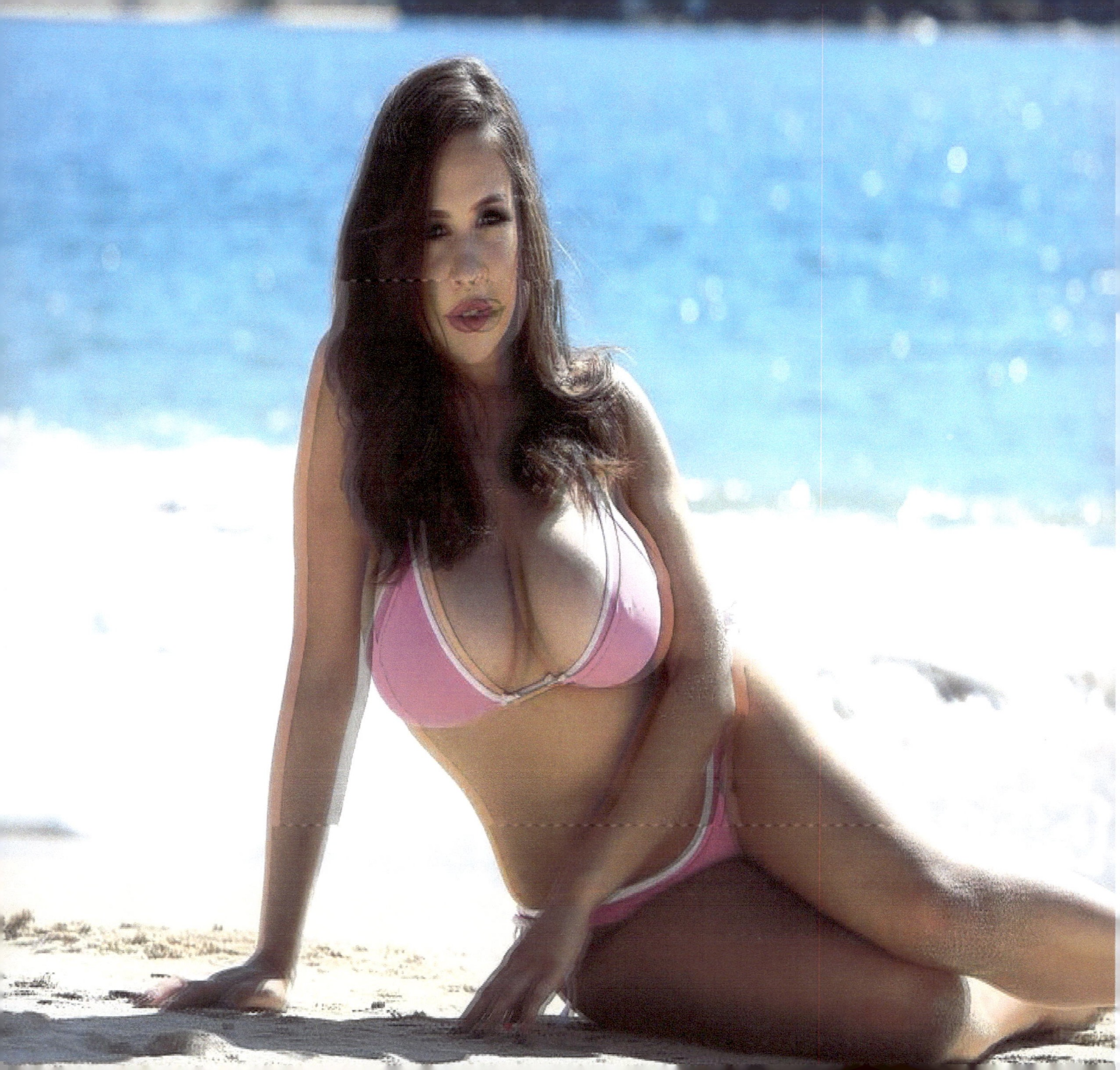

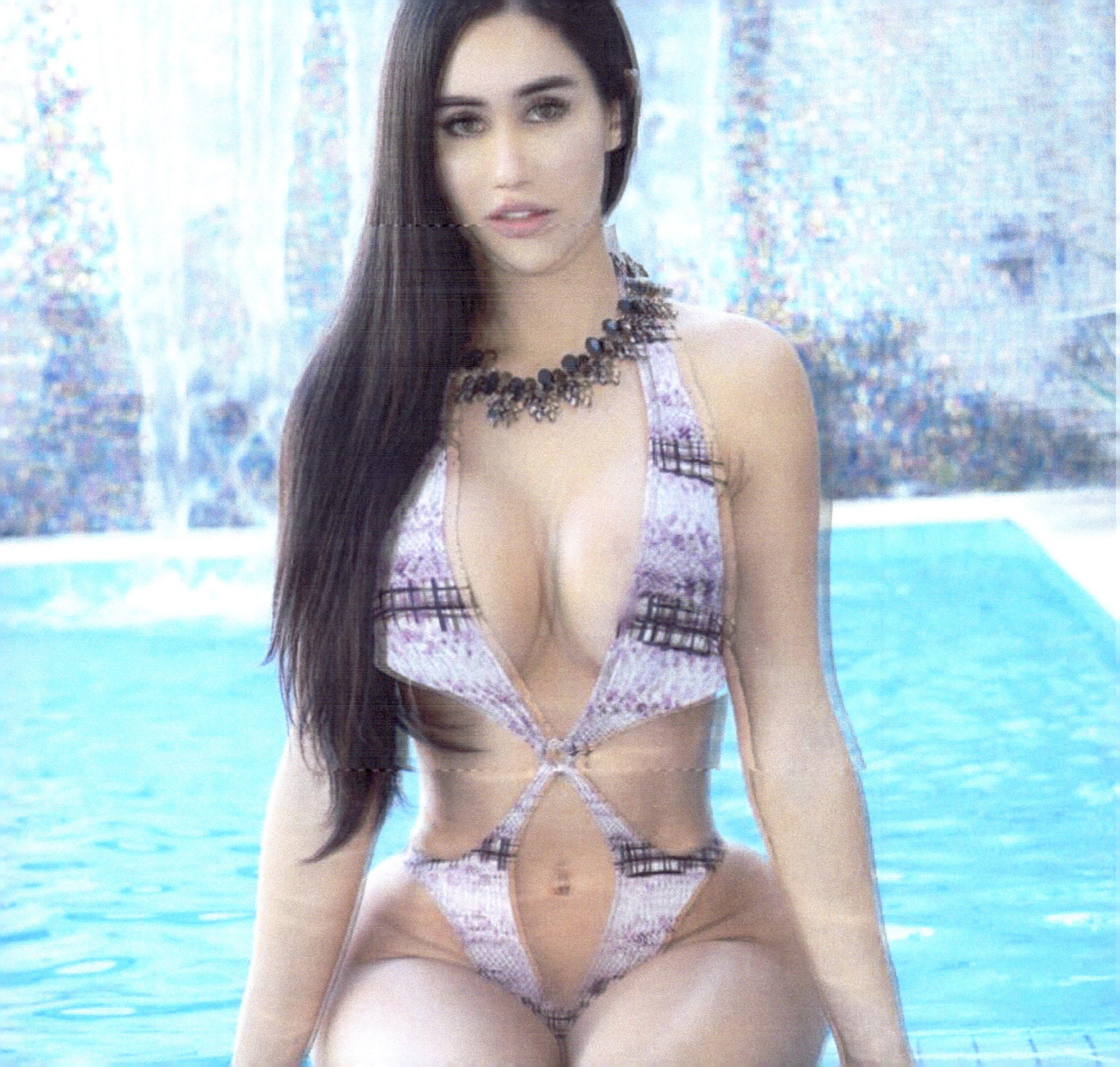

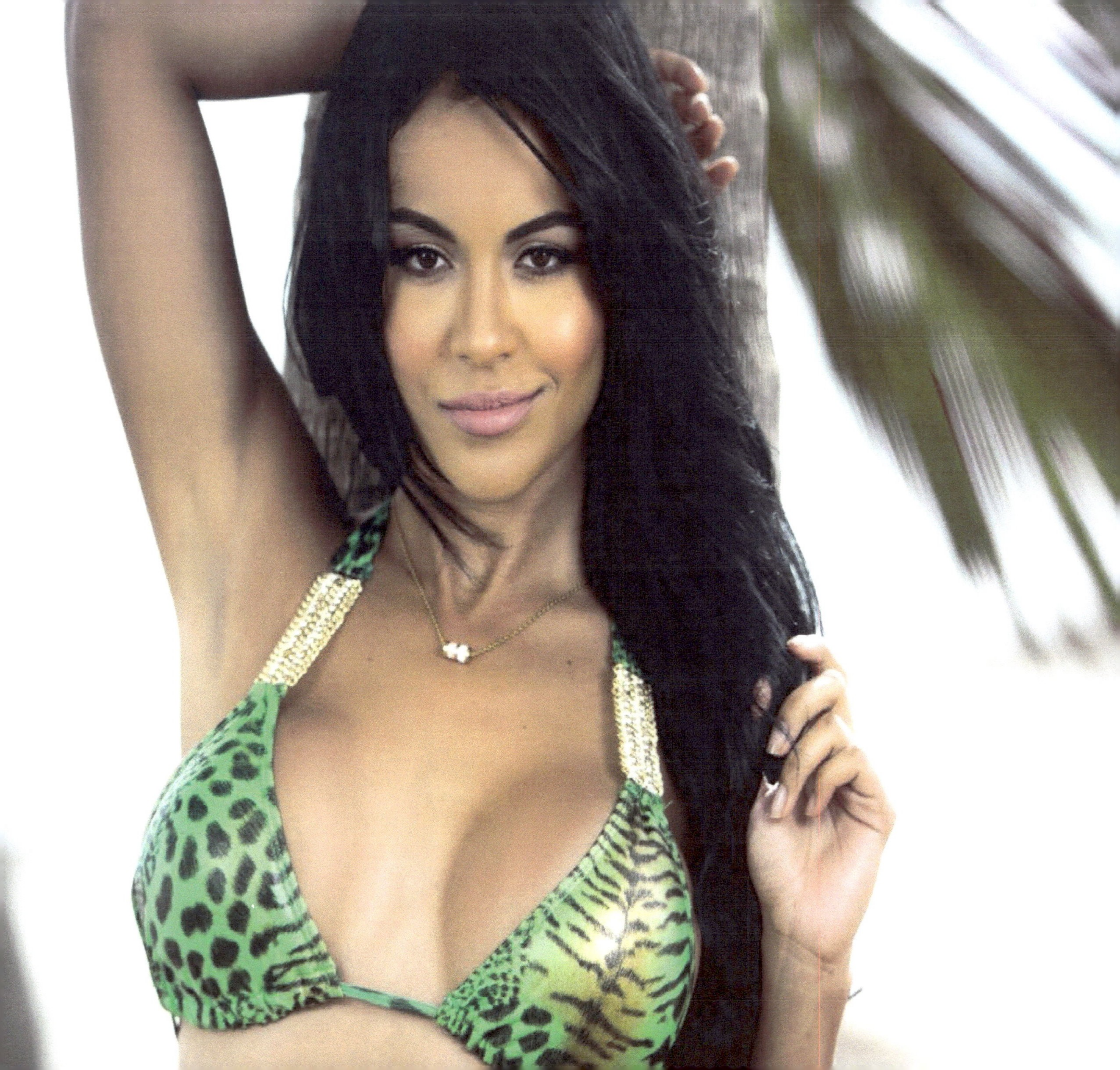

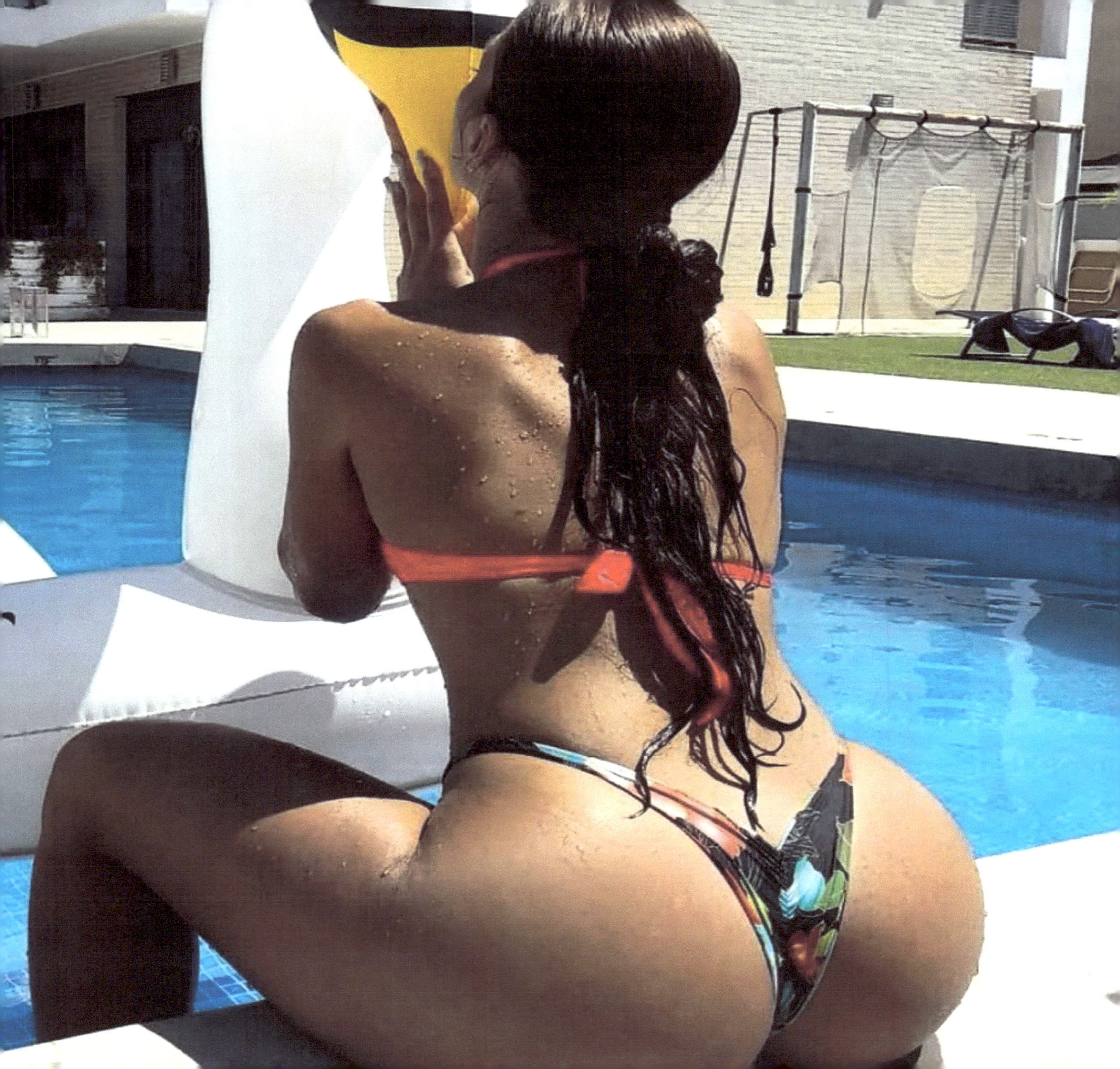

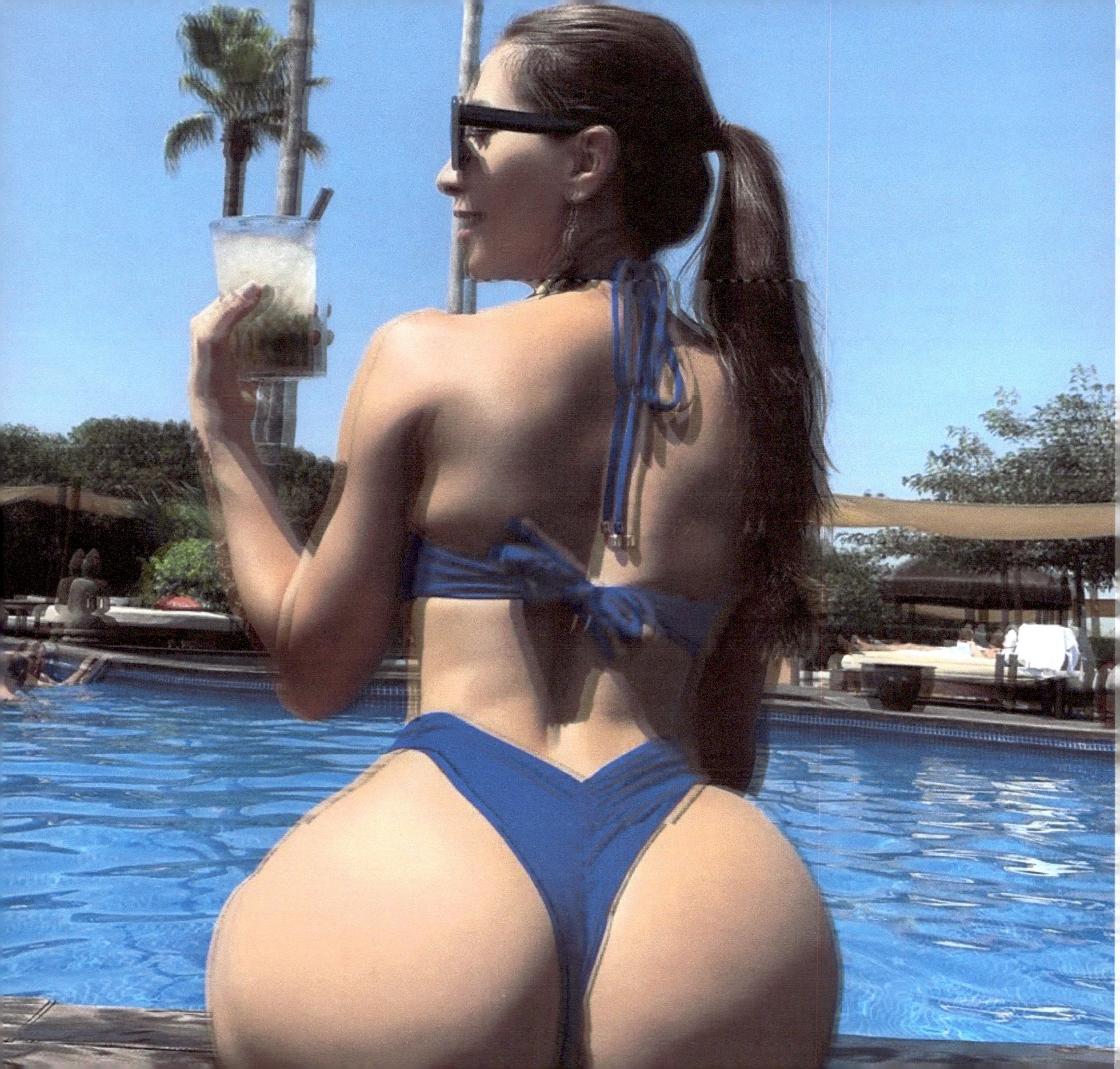

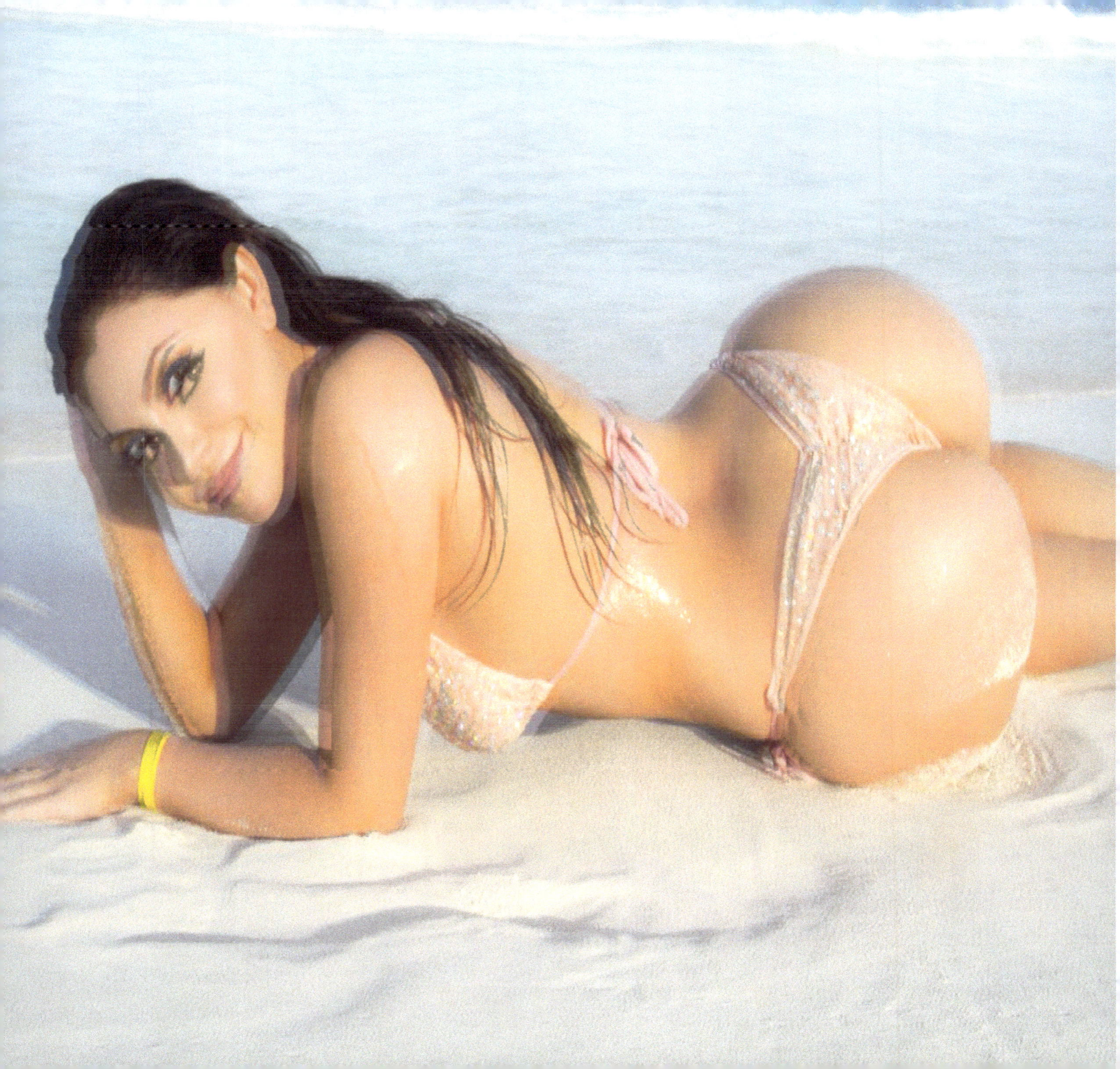

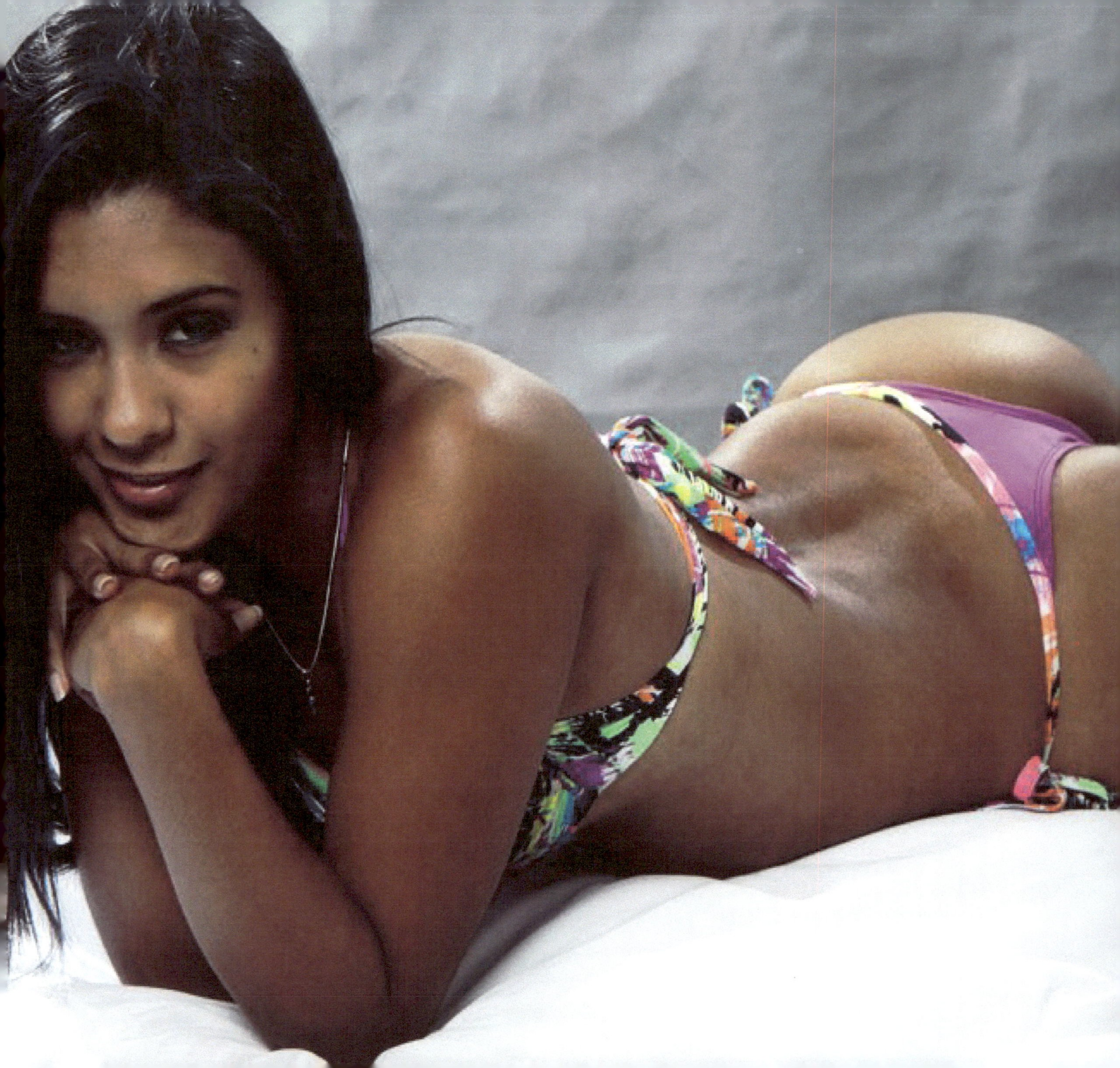

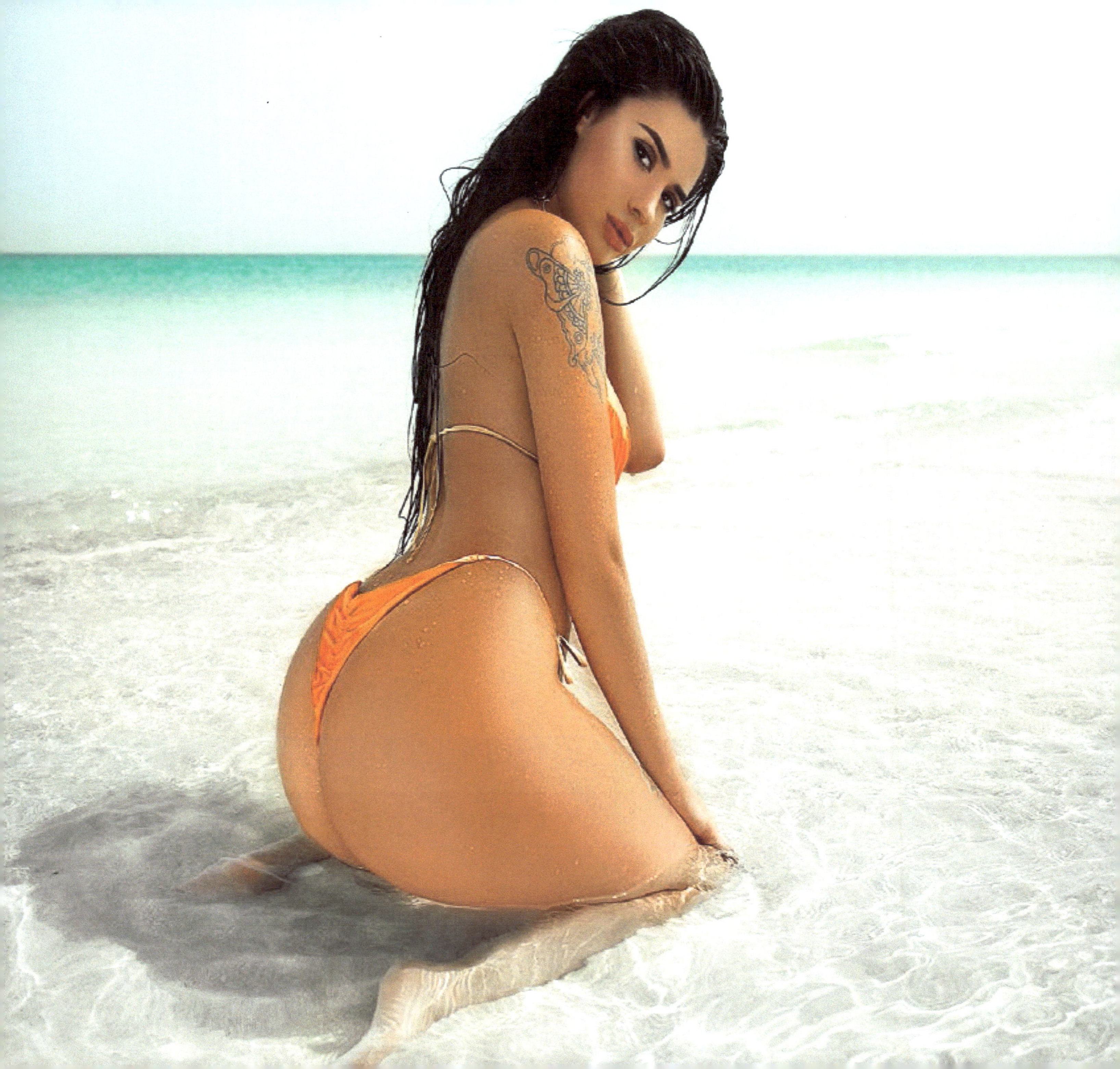

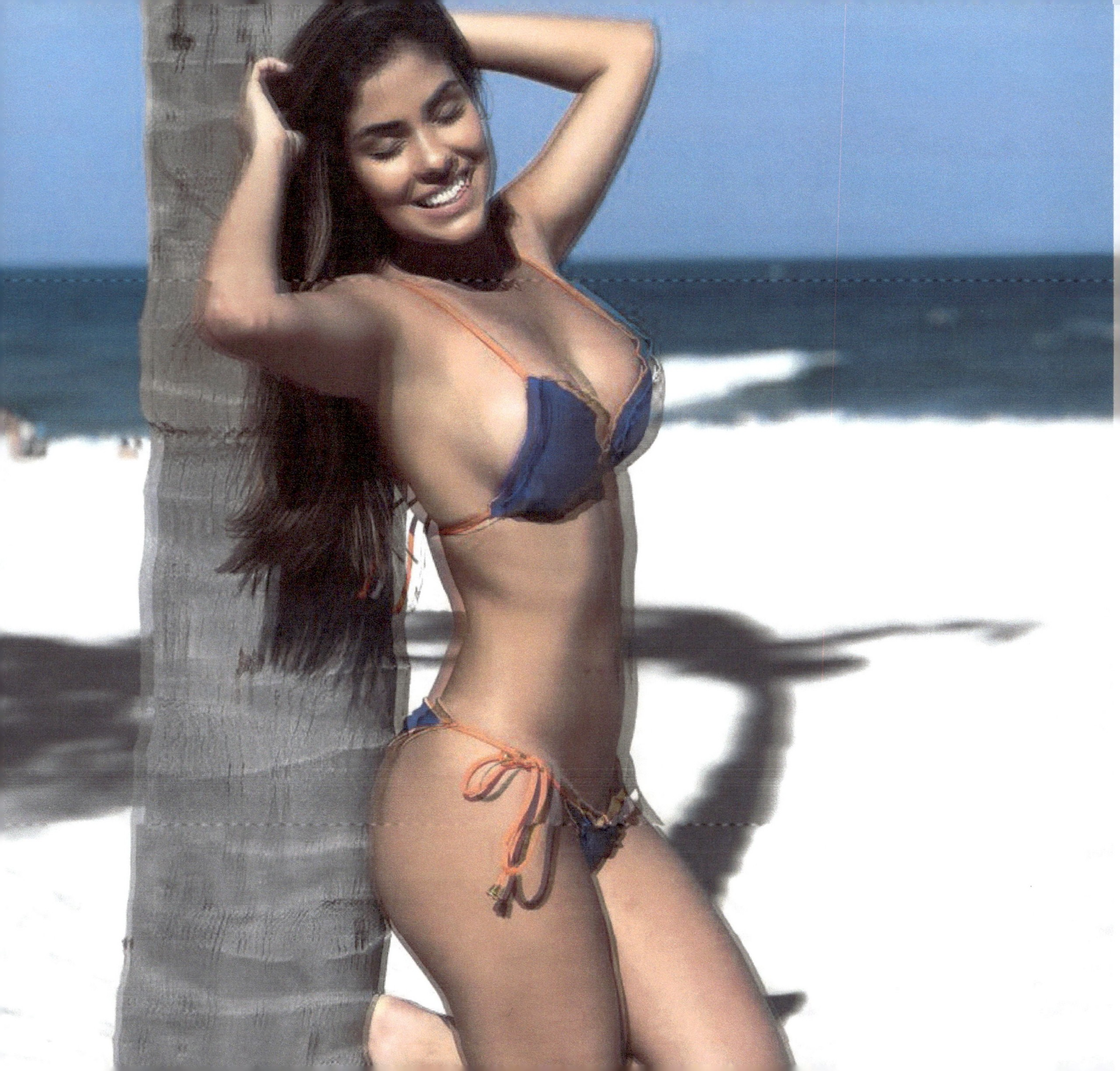

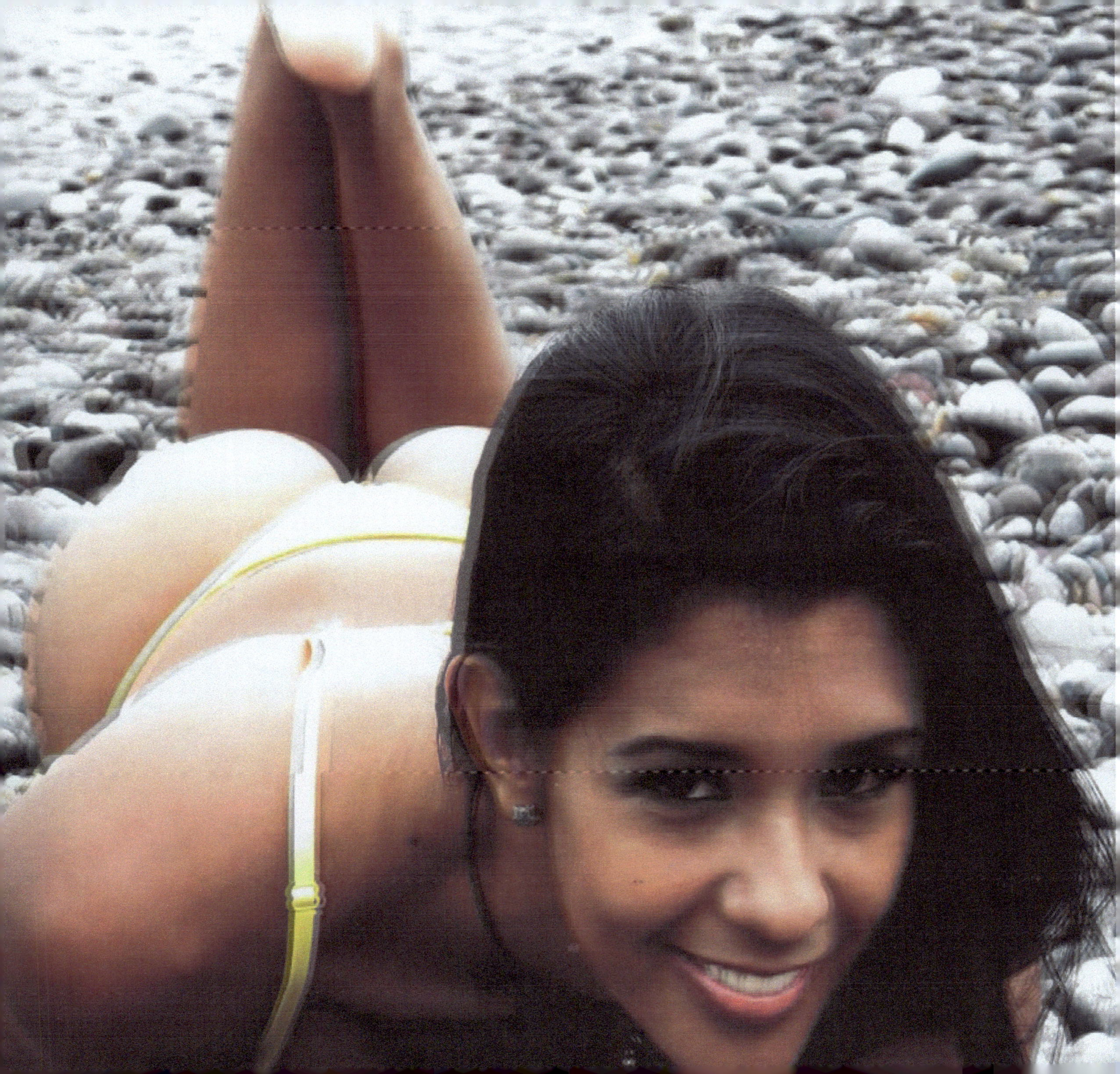

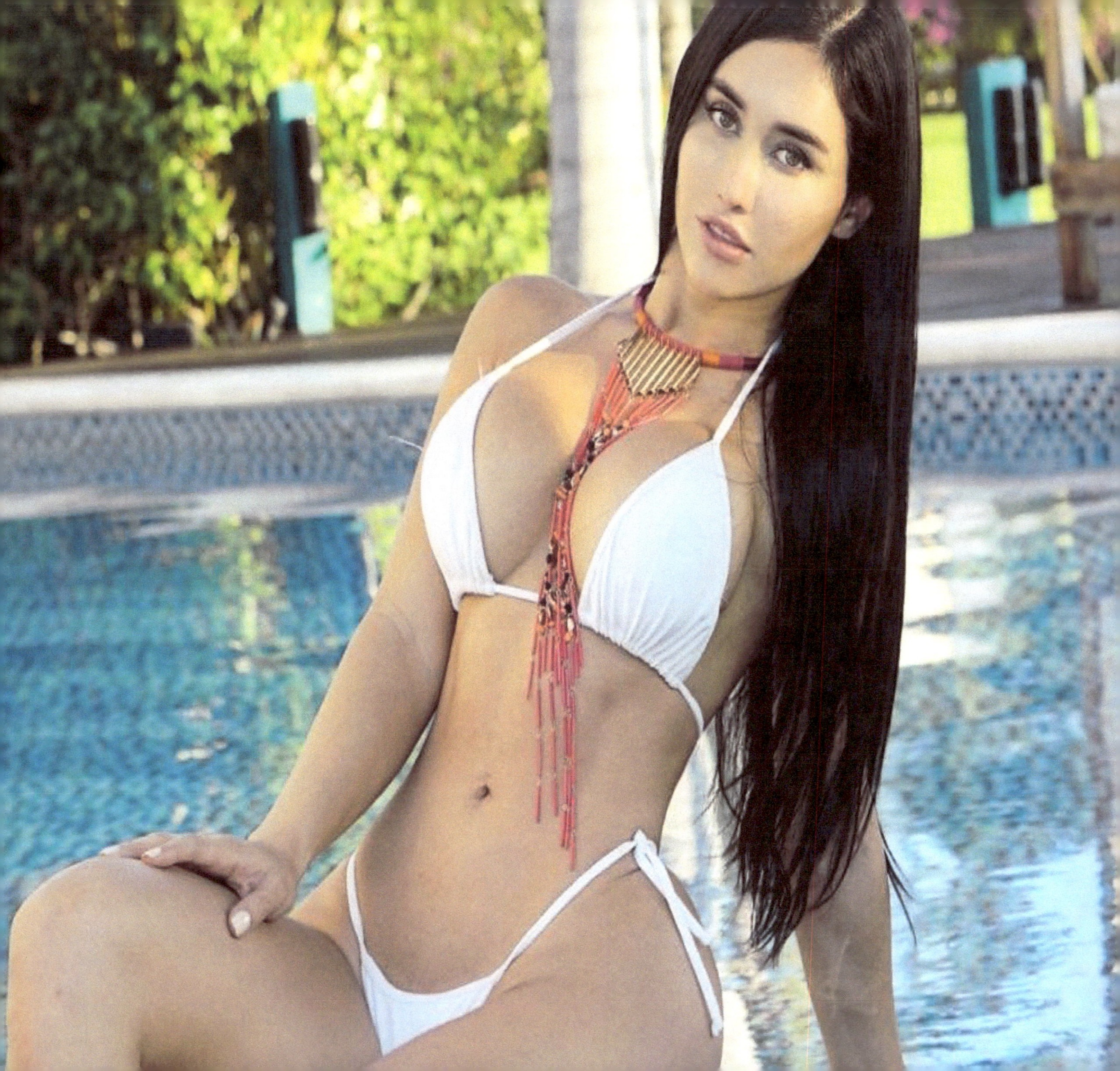

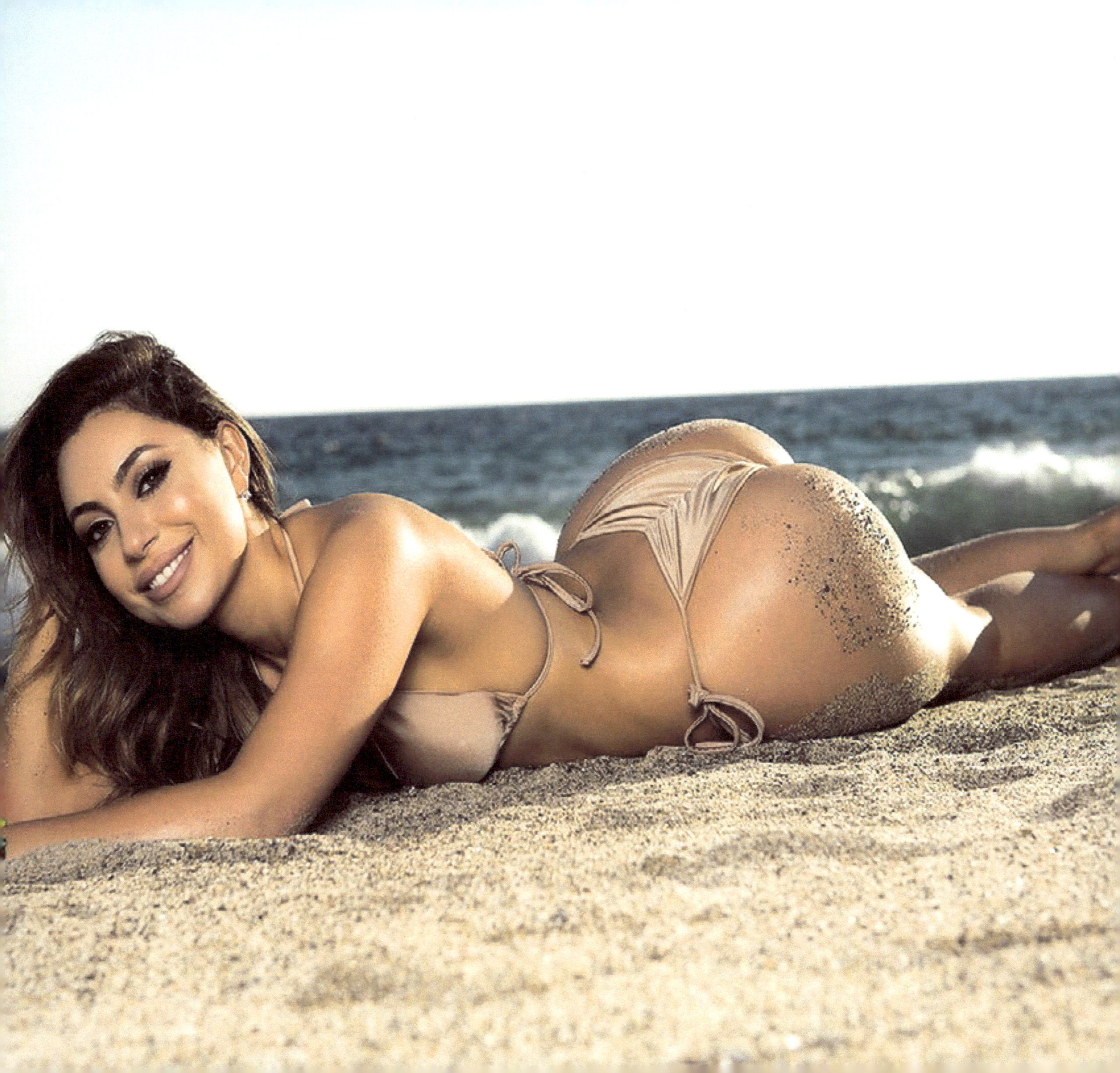

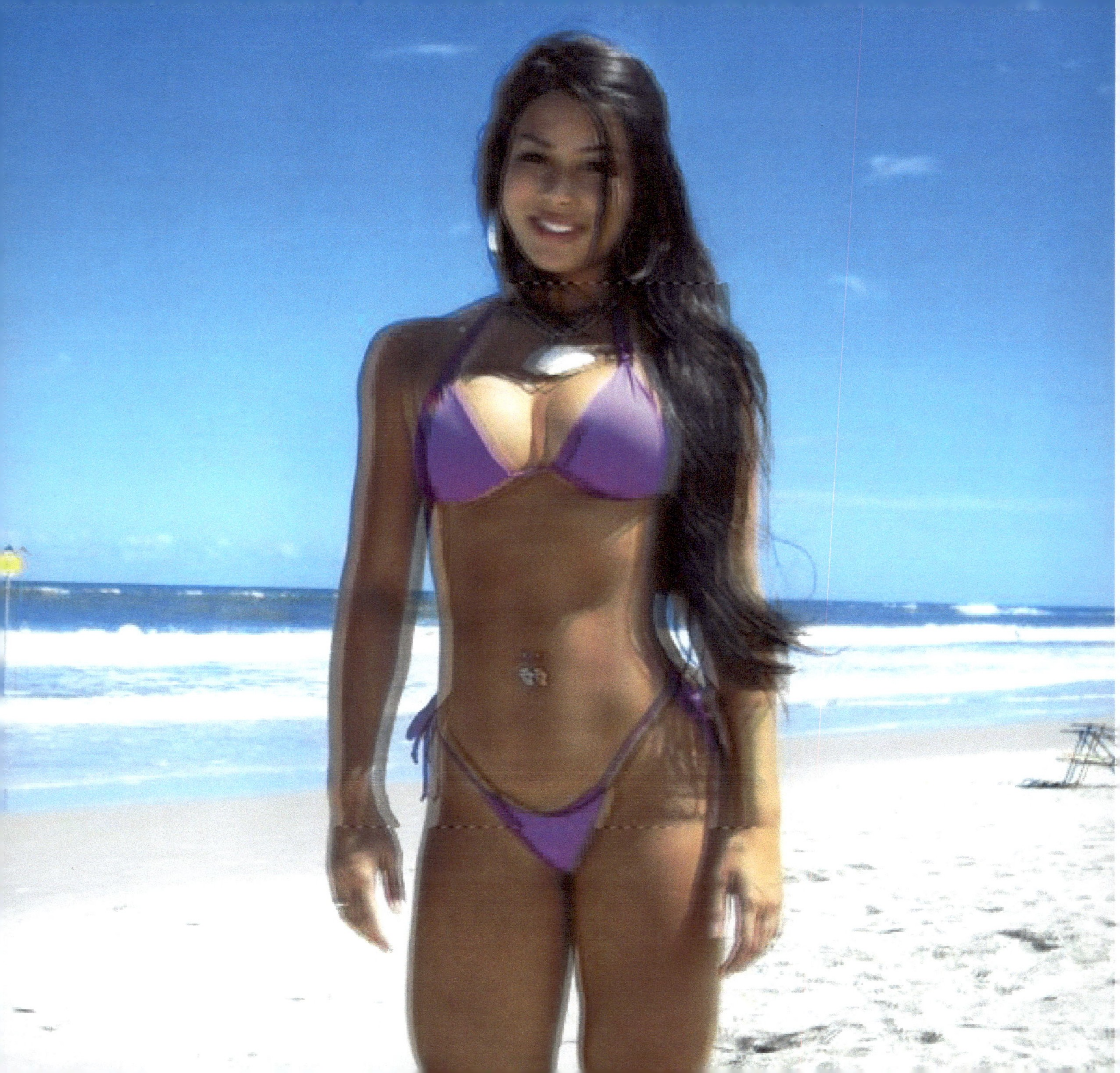

www.ingramcontent.com/pod-product-compliance
Lightning Source LLC
Chambersburg PA
CBHW051942210526
45473CB00006B/2346
* 9 7 9 8 3 4 4 7 3 0 1 5 8 *